060
다시올시선

나비는 날개를 접지 않는다

김필례

060
다시올시선

나비는 날개를 접지 않는다

김필례

2024 ⓒ 김필례

다시올

시인의 말 『나비는 날개를 접지 않는다』

한 장의 꽃잎

묵히고 묵힌 시심
강물에 꽃 이파리 한 장
띄우듯 세상에 띄워봅니다
한 장의 꽃잎은 물길 따라
초록 물가에 다다를지
아기 손바닥에 놓일지
편안하게 흘러가서 호젓한
어느 산골에 다다를지
한번 왔다 가는 인생처럼
알 수 없는 여정이 될 것이지만
조심스러운 발걸음으로
발자국 남기고자 합니다

저자 김필례

차례 『나비는 날개를 접지 않는다』

- 시인의 말 _
한 장의 꽃잎 _ 5

1부
어떤 외출

12 _ 와불의 말씀
13 _ 천년초
14 _ 돌잔치
15 _ 도청
16 _ 어떤 외출
17 _ 산목련
18 _ 거짓말
19 _ 가로등
20 _ 씨앗
21 _ 수련
22 _ 오동나무

마네킹 _ 23
경주의 달 _ 24
나비는 날개를 접지 않는다 _ 25
허공이 벽에 갇히다 _ 26
약육강식(弱肉强食) _ 27
가을 마중 _ 28
해변 _ 29
빙하 _ 30
꽃물 _ 31
억새꽃 _ 32
몸살 앓는 풋사과 _ 33
여행 가방 _ 34
단추 _ 35

2부
물방울 둥글다

38 _ 잔치가 끝난 뒤
39 _ 가을 강
40 _ 무심
41 _ 단상
42 _ 늦가을
43 _ 직관
44 _ 김치
45 _ 로컬푸드
46 _ 사람의 지금
47 _ 곶감
48 _ 황금알은 있다
49 _ 수행자

분노 _ 50
문경 새재 _ 51
봄동 _ 52
개안(開眼) _ 53
물방울 둥글다 _ 54
어느 순간 _ 55
입학식 _ 56
자목련 _ 57
꽃바람 _ 58
솔바람 _ 59
이팝꽃 _ 60
아카시아꽃 _ 61

3부
조간신문

64 _ 오늘
65 _ 농부
66 _ 소나기
67 _ 세례
68 _ 치매
69 _ 눈물
70 _ 가을
71 _ 용서
72 _ 가을 산
73 _ 동지
74 _ 취업고시생
75 _ 계절

독백 _ 76
우화 _ 77
세월 _ 78
호박 이야기 _ 79
할미꽃 _ 80
겨울 산사에서 _ 81
봄눈 _ 82
소녀시대 _ 83
대보름달 _ 84
조간신문 _ 85
셀러리맨 _ 86
질투 _ 87

4부

흰 접시꽃

90 _ 봄바람
91 _ 사월
92 _ 조문
93 _ 선거철
94 _ 요람
95 _ 흰 접시꽃
96 _ 소낙비
97 _ 시계
98 _ 약속
99 _ 12월
100 _ 권력 이동

들국화 _ 101
까치밥 _ 102
수화 _ 103
해돋이 _ 104
고독 _ 105
너와 나 _ 106
겨를 _ 107
탈출 _ 108
사진첩 _ 109
율곡 수목원에서 _ 110
설연화 _ 111
씨눈 _ 112

차례 『나비는 날개를 접지 않는다』

5부
바람의 꼬리

114 _ 변심
115 _ 백로
116 _ 도야
117 _ 삿포로
118 _ 고목
119 _ 입양
120 _ 노을
121 _ 개미
122 _ 주술
123 _ 꿈
124 _ 시낭송회

석공 _ 125
초침 소리 _ 126
스토킹 _ 127
내비게이션 _ 128
봄소식 _ 129
장항아리 _ 130
2월 _ 131
명절증후군 _ 132
겨울 동화 _ 133
봄의 _ 134
바람의 꼬리 _ 135

1부

어떤 외출

와불의 말씀

긴 의자에
햇살 덮고 꿀잠 빠지신 어머니
숨소리 들리지 않는데 미동도 없다
언 듯 놀라 가만히 귀 대보는데
얼굴도 한번 들여다보는데
가지런한 흰 머리카락이
한사코 고요하다 하시는데
세월 풍파 다 견뎌내며 피어난 잇꽃
설친 잠 위로 얼핏 깊게 파인 주름
설핏 중생의 고뇌라고 말씀하시는데
일자로 쓴 경전 앞에 합장하는
허공의 평형과 고요한 땅의 평정
무거움과 대적하는 걸림돌이라며
없애버리라는 으름장
침묵으로 말씀하시는데

천년초

험한 세상 가시로 버티며

한 송이 꽃피우기 위해

척박한 땅에 뿌리 내리려는

외로운 투지

참 피우기 힘들다며

몸 비워내는 한낮의 기도

내력이 궁금하다

돌잔치

꽃살문 두드리는 햇살
수런수런 말 문 터진 꽃망울
재잘재잘 웃음 터진 꽃이
하하 호호 소란스럽다

두 발로 밑줄 그으며
아장아장 걸음마 떼는 새싹
오 세상에 새들이
축가를 부르고
봄빛이 꽃 설기 만들어 놓고
촛불 밝히고 있다

꽃그늘 사이로
폭죽 터트리는 봄볕
무럭무럭 자라거라

도청

통신 탑에 터를 잡고
까치가 오르락내리락
연신 나뭇가지 물어 나르며
허물의 집을 짓는다
행여 기쁜 소식 있으려나
반가운 손님이 오시려나
바램은 한 번도 들어맞은 적
없는 바람일 뿐
손 편지가 필요 없는 요즈음
까치 통신원도 시대에 맞춰
정착한 적 없는 내실에
날지 않고 눌러앉았다
편하게 살아갈 궁리에
귀를 쫑긋 세우고 세상의 정보
말똥말똥 훔치고 있다

어떤 외출

물오른 봄날이다

시멘트 블록 틈 사이로
얼굴 내민 민들레 금 단추 달고
말쑥하게 차려입었다

꽃 바람든 아줌마
때깔 고운 처녀를 꿈꾸며
떠날 채비 서두른 적 있었지

화사하게 출렁거리던 그런 날
달빛이 담 넘보던
유난한 봄밤이었지

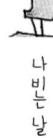

산목련

도도한 본능
꽁꽁 숨기고 있었다

누구도 보여주지 않았다
눈을 뜨고도 볼 수 없었고
눈을 감아도 볼 수 있었다

흰 소맷자락 펄럭이며
한 생 떨구는 춤사위 말고는
아무것도 아닌 오늘에야
무심히 꽃잎 하나 떨구는
환한 봄

이고 지고
훠이훠이 사위는

거짓말

불이야 불
이웃 동네에 불이 났다
검은 연기가 피어오르며
하늘을 까맣게 물들였고
발 없는 바람이 가세하자
천리만리로 흩어졌다
발화지점이 아리송하고
발설자가 우왕좌왕하는 사이
비밀은 연기처럼 새어 나갔고
부엉이 눈 밤에도 낮처럼 밝아
벽에도 귀가 걸려있었는지
거짓과 진실을 알아 버렸다
보이지 않는 구름의 안쪽
하늘이 파랗게 질렸다

가로등

밤마다 밤마다

눈 흘기다가

저 홀로 지쳐버린 외눈박이

캄캄한 밤을 지나고

먼동의 아침이 달려와

그의 눈 감겨 준다

그제야 흘기던 눈

감아버리는

씨앗

흙으로 구르다가

비집고 들어가 묻히다가

얼굴 묻은 지 며칠

들썩들썩 숨어 있는 그림

펼쳐 보이는 동그란 콩 씨

떡잎이 흙을 가르며

파르르

배꼽 인사를 한다

수련

7월의 호숫가에는 어떤
공방이 있길래 사부작사부작
연잎의 손놀림이 시작되어
몹시 바빠지는

손바닥을 폈다 오므리며
때맞춰 내놓을 창의력에
여름이 시작되어도
손놀림에 여념이 없는

꽃잎 하나 붙이고
분홍 빨간 노랑 흰 등불
제 꽃 피기 전에 채색하는

꽃술이 둥실 두둥실
수면에 환하게 불 밝히며
한 번도 정착한 적 없는 소원
호숫가에 정박시키는

오동나무

초록의 함성으로 잔치 열린 날
청사초롱 불 밝힌 오월의 함지기
푸르른 복장에 덩달아 신이 났네

반질반질한 오동나무 장롱
오동포동 결이 부드러운 나무처럼
속이 꽉 찬 신부 차마
발걸음이 떨어지지 않았네

애써 태연한 척
마당 한 편에 비켜서서
보랏빛 눈물 뚝뚝 떨구는
이제 가면 돌아오지 않을
나의 기둥 나무

마네킹

요즈음
허수가 잘 나가나 보다
누더기 벗어 버리고
명품 옷 걸친 아비가 의기양양
구멍 난 밀짚모자 대신
비가 와도 젖지 않은
브랜드 등산 모자를 썼다
그 옆에 더 잘 차려입은
허수 어미도 있다
하늘하늘 치맛자락 휘날리며
바람 장단에 맞추어
덩실덩실 춤을 춘다
산비둘기 참새 까치
머뭇머뭇 날아들지 못하고
멀찍이 옷만 구경한다

경주의 달

어머니를 볼까 하고 속삭이니
동천에 발만 담근 만삭 달

어머니를 불러볼까 생각하니
이슬 머금고 마중 나온 수초 소소리

어머니가 그립다고 생각하니
마중물 한 방울이 감포 앞바다로 흘러간다

물 한 바가지 떠올려 허공에 뿌리던
달빛 여울져 흐르던 유년의 성

별빛도 가끔 아주 가끔
잠들지 못했던 서라벌의 밤
낯설고도 멀고 먼 고향

나비는 날개를 접지 않는다

번데기는
이리 구르고
저리 굴러 어둠에
자신을 스스로 가두고
웅크려 꿋꿋이 견딘 침묵은
깊이도 알았고 굴러도 보고
납작 기어도 보았다
한 생도 부치는데
여러 생을 한살이로 압축하며
날개를 펴 꿈을 이루었다
허공에 맞서 끝없는 날갯짓
사각사각 입으로 글씨를 써가며
몸으로 일궈낸 한 권의
자서전을 완성하기 위해
결코 날개를 접지 않은
한 마리의 나비는
마침내 고치를 만든다

허공이 벽에 갇혔다

허공이 벽에 갇히니

또 다른 허공이 틈새로 비집고 들어온다

허공을 벽으로 가둔다

물-체

덩~어~리 속에서

허공이 허공으로 빠져나간다

약육강식(弱肉强食)

습지, 웅덩이
고랑 사이로 빗물이 고이고
작은 실뱀 한 마리 꿈틀댄다
장마 지나간 뒤 욕심부린 악어처럼
천적을 누르려는 듯 몸통이 커졌다
이빨을 드러내고 네발로 버티다가
큰비가 와도 받아 낼 수 있는
자신감으로 실개천 거느린
왕 개천 되었지만, 샛강은
자기 몸보다 큰 강물에
꼬리가 잡힌다

입맛에 맞는 세상
어디에도 없다

가을 마중

하늘 호수에
머리를 감았다
거품 구름이 둥둥
바람에 빗질하고
찬찬한 머릿결에
잠자리 머리핀 꽂고
찾아온 손님에게
마구 핀 갈대가
생각 없이 반기는
갈대의 흔들림은
바람이 보내온
가을 작품이다

나비는 날개를 접지 않는다

해변

맨살
그대로 반짝이며
하얗게 웃는 바다
올록볼록한 물살
실어 가고 실어 오는
잔물결이 써레질하듯
발 섶을 간지럽힌다
달궈진 모래 해변
맨발로 뛰어다니는
검게 그을린
벌거숭이 바다

빙하

따스한 햇볕 같은 임의 품
가을 겨울지나
얼마나 오랜 기다림인가?

설
산의
푸른 눈동자
눈시울이 뜨겁다
차르르
명주 천을 펼치듯
흘러내리는
눈물
뚝
뚝
뚝

꽃물

봉숭아 꽃잎
손가락 끝에 칭칭 감고
마음 졸이며
밤새 뒤척이던 날

손톱에 핀 붉은 꽃이
가슴을 톡톡 터트린다

첫눈 올 때까지
지워지지 않으면
첫사랑이 이뤄진다는
속설 때문에

여자는 태어나서
처음으로 울었다

억새꽃

푸르른 날
쭉쭉 뻗은 잎을 키워내는 풀
함부로 뽑히지 않게 넓게 퍼진 줄기
하나하나 잡아 보면 곧은 절개
뭇사람이 밟고 지나도
아랑곳없이 그 자리에서 묵묵히
자신을 키우는 풀 뿌리 하나에
억세게 포기를 이룬
대가족 거느리는 가장의 모습 보았다
햇빛이 수그러들고 스산한 바람
스쳐 지나는 들녘에서
은빛 머리 곱게 빗어 넘긴
노신사가 환히
웃는다

몸살 앓는 풋사과

머리는 지끈지끈
온몸은 욱신욱신 불덩어리
붉은 원숭이 접신을 했다

화상 입은 풋사과
시들시들 더위 먹었다

나른한 오수에
땀방울이 비처럼 쏟아져
기진맥진 치열하게 견디어 온
뭇 생물

끝자락에 붙잡힌 8월
여름을 밀어내면서
생 몸살 앓는다

여행 가방

사소한 물건들
흔들리는 속내까지
누구보다 나를 잘 아는 너
한 곳을 바라보며 함께 했지
바다가 보이는
어느 한적한 해솔 길
파도가 일렁이는 해변에서
떠오르는 해 보며 기원했지
낯선 길 찾아다니느라
지치고 힘들어도
불평은 하지 말자고
방 구석진 자리에 돌아와
갈 곳 모색해 보라고
호기심 가득 우두커니
부추기는…

단추

구멍이 보이고
바늘 따라 길 찾아가면
허둥대는 바늘이
이리저리 길을 헤맨다

다른 구멍을
비집고 비틀고 찔러도
들어갈 구멍 다르고
나올 구멍 다르지만
정성 다하다 보면
간신히 다다른
허공의 한 점
제자리에 안착한다

바늘과 실이 단추를 만나
간혹 답이 없는 일상도
때로는 완성의 단계로
접어들 수 있다

2부
물방울 둥글다

잔치가 끝난 뒤

단풍나무가
풍악을 울리며
여기저기 초대장을 날린다
바글바글하던 관객들
수북이 쌓인 엽서를
무심히 짓밟는다
빛을 잃고 헤매는
낙엽의 남은 일은
청소부가 새벽을 쓸어
낙화처럼 모아두면
더미에 드러눕는 일
최후는 다 이러할까나
뒤끝이 사라짐이라면
바람인 듯 사라질 너머에
멋쩍은 기분을 나눈다

가을 강

들녘에 포복하던
바람 한 줄기
일어서는 물결 다독인다

사지 늘어뜨린 채
길게 드러누운 강물
제 몸을 고요 속에 묻고

동안거 준비한다

무심

누각의 허우적대는 인공의 불빛
강으로 내려앉는다

낮보다 밝은 오색 빛 조명
초저녁 별빛 강물에서 길 잃었다

유순히 흐르는 형산강
유적을 빠져나온 서라벌의 천마
교량을 따라 달리고

포수가 사냥물에 활시위 당기듯
강바닥을 뚫어지게 응시하는 왜가리
그 발끝 사이로 물결이 여울져
천년 넘나드는 물고랑 된다

어제의 강은 오늘도 흐르고
먹빛 밤이 홀로 이운다

나비는 날개를 접지 않는다

단상

소나무를 보고 있노라면
기억 저편이 아릿하다

지금은 나무로 훌륭하지만
춥고 배고프던 날에 소나무 가리는
천상의 땔감이었다

타닥타닥 종알대는 불꽃 소리
저절로 푸근한 잠의 나락으로 떨어지고
아랫목 온기가 정지화면처럼 각인되어

저 소리가 좋아 저 냄새가 좋아
내 안의 따뜻한 이유가 되어간다

늦가을

햇빛을 만지작거리는 할머니
호박고지 무말랭이 시래기 뒤적인다
짧아진 노란 실타래 단단히 거머쥐고
촘촘히 햇볕 실로 그물코를 짠다
이리 뒤척 저리 뒤척
한 코도 놓치지 않은 손길
멀쩡하던 녀석들이 말랑말랑해지더니
어느 사이 오므라들면서
멍석 위에서 갈무리한다

직관

겨울 창공을 나는 제트 비행기
쏜살같이 허공을 찢는다
하늘의 천에 그어진 제트 운
굽어지지도 않았지만
펴지지도 않았고
움츠러들지도 않았다
오로지 직선으로 곧다
높고 푸르게 차가운 머리
하늘을 관하고 땅을 밟는
생각
헤아리듯 앞장선다

김치

결이 바른 텃밭에 가득한
배추의 노란 속내 궁금하다

매운 고추 맛
시원하고 달콤한 무의 맛
곰삭은 젓갈의 짠맛 버무려
갈피갈피 채우는 정성의 양념
자분자분한 손맛의 야무짐
궁극의 희로애락이다

모처럼
수필 한 편
완성했다

로컬푸드

새벽부터 농부는 자신이 지은 책을
책꽂이에 차곡차곡 정성스럽게 꽂는다
비바람 맞으며 손수 지은 농산물
더우면 더울세라 추우면 추울세라
아프면 아플세라 몸으로 막아서며
손길마다 어루만지며 써온 자서전
이곳에서는 식물 공장에서 찍어낸
쭉쭉 자란 복사본은 퇴출당한다
잘 생기면 잘생긴 대로
못생기면 못생긴 대로
울퉁불퉁 저마다의 개성으로
똑같은 책은 한 권도 없는
텃밭을 펼쳐 놓은 책방
벌레도 따라와 잎사귀에 숭숭
자신의 흔적을 남기며
낙관을 찍는다

사람의 지금

어린이에게는 내일이
청년에게는 눈앞에 맞닿은 현실이
노인에게는 과거가 아주 중요한 변수입니다

나무에 의한 미래이기도 한 현실을
과거이기도 한 지금 지금이기도 한 현실이
아주 중요한 과제이기도 합니다만

상상의 나래에 공존하는 미래에는
현실과 과거가 있기도 하고 없기도 한
'지금'이야말로 중요한 변수로 작용한
보물이며 선물입니다

곶감

인고의 열매는 떫을수록
하얀 분에 진한 맛을 더한다

툭 터진 젖가슴으로 자손을 키워낸
곱게 묶어진 꼬투리 살갗을 벗겨내는
시들며 흘리는 지난한 세월이었다

기일에 모여든 가족이 담아 온
아버지의 꾸러미 어미의 꾸러미
살뜰히 공들인 보따리 풀어낸다

황금알은 있다

악몽을 꾸었다
흰옷을 입은 할아버지가
달걀을 훔치는 내 손을
무서운 얼굴로 잡아끌었다

울면서 물어보지도 않은 눈깔사탕을
다시는 먹지 않겠다고 용서를 빌었고
나이 반백 년이 지날 때까지
황금알 이야기는 허구였다

AI 바이러스가 휩쓸고 간 양계장
구덩이에 닭을 산 채로 묻어 버리자
끼니마다 먹었던 달걀부침, 말이, 찜
먹을 수 없자 밥상은 허기에 걸렸다

2017 정유년 모 백화점에서
드디어 황금알을 경품으로 걸었는데
스트레스받지 않고 풀어서 키운
건강한 닭이 황금 달걀을
숨풍숨풍 낳고 있다

수행자

낙가산 머리 위에
정좌한 바위
떠오르는 해 등지고 자신을 가둔
구도의 길은 멀기만 했다

서역은 얼마를 가야만 이를까
절절한 기도
산새가 들고
민머루 해변에서 올라온
무심한 바람이 든다

비로소 눈까풀 열어
서쪽 하늘을 바라본다

깨달음을 얻은
눈썹바위
가끔은 종 치듯 헤아려주며
묵직하게 전율 느끼며
공 드리는 마애불

분노

살얼음이 언다
바람이 쌩쌩 불 때마다
두께가 두꺼워진다
얼었다 녹았다
푸르락누르락
떨고 있는 나뭇잎
물속에 있는 물고기
숨죽이는데…
철모르는 어린아이
쾅쾅 발을 구른다
얼음장 깨어지며
물이 흐트러져
사방으로 미끄러져서
차갑다 못해
뜨겁다

나비는 날개를 접지 않는다

문경새재

산이 산으로 흐르고

산이 산으로 건너고

산이 산으로 넘나든다고

먼저 온 사람들이

다 적어놓고 갔다

봄동

잡풀마저도

사라진 언 땅에서

이제껏 뿌리 성성하다

씨알 몸속에 품어 기어이

추운 겨울 이겨낸

초록의 힘

겉치레를 벗고 겹겹이 입은

속옷까지 펼쳐 보이는

봄날의 에로스

개안(開眼)

겨울비에
빗장이 열린 나무
칼바람 죽비 소리에
묵은 가지 털어낸다

비우면 보인다는
화두 하나 잡고
겨우내
깊은 생각에 잠긴 채
빈 몸으로 참선에 정진한
버들강아지

그 자리 지키며
꽃눈 틔운다

물방울 둥글다

한 방울 물
보이지 않는 힘으로
한데로 뭉쳐 폭포 이루고
내리사랑 아래로 흐르나니
더러움에 자신을 떨어뜨려
깨끗한 물로 거듭난다
몸을 분해하는 뜨거움에
수증기로 허공에 머물러
구름으로 태어난다
서로를 감싸는 포용심
위로는 가볍게
아래로는 묵직하게 오르내리며
둘둘 말아 여울지며
한 몸이 된 물방울
둥글고 둥글다

어느 순간

입속의 잇몸
활짝 드러나도록 웃었다
그 웃음 잃어버린 어느 날부터
꼭 다문 입술에 일자 주름
깊어지고 더 해 간다

군데군데 남아 있는 이를 보고야
이 없이 잇몸으로 살아온 어머니
이를 악물게 한 지나온 세월
부서지고 닳은 자리에 그나마
남아 있는 이가 희미하게
별자리를 만든다

하현(下弦)
별빛을 거느리던
남쪽 밤하늘의 누런 달이
무심하게 웃는다

엄마의 틀니가 웃는다

입학식

봄이 소생한다

어미 닭이 날개 죽지에
병아리 감싸듯

햇빛이 올망졸망 아이들을 품는 날
까르르 운동장 가득 웃음소리
봄빛이 간지러워 솔기가 터진 새싹
파란 하늘 올려다보는 꽃망울

나란히 나란히 줄 맞추며
너나없이 반기는
봄의 전령

자목련

언제쯤이면
봄소식 전할 수 있을까?

북쪽을 향한 붓은
온 겨울 참아가며 견디고 견디네
실향의 설움 달래는 자줏빛 먹물에
흠뻑 묻혀 허공에 뿌려진 고향 안부

낯익은 꽃과 이파리 사이로
저만치 물러선 봄이
굵은 글씨로 써내려간
보낼 수 없는 편지를
오늘도 붙들고 있네

한 잎 또 한 잎 덜어내며
덧없이 가버린 수십 년
만날 날 기약 없어도
올해도 새잎을 피우고 있네

꽃바람

봄볕이 자꾸만 풀어지는 날
꽃향기 퍼져나가 잔치 열렸다

산에 산에 진달래
들에 들에 민들레
담장 너머에 개나리
온갖 꽃의 혼례식
햇빛 주례에 부산한
벌 나비의 들러리

구름은 다소곳이 비껴가고
상춘 하객은 스마트폰으로
기념사진 꾹꾹 누른다

솔바람

절간의 독경 소리가
바람의 흠결을 지워주고
처마 끝에 매달린 풍경은
허공을 깨우는 종지기가 되어
나를 헤아려준다

바람은 젱그렁 젱그렁
고요에 섞인 듯 하늘거리는
너머에 내 신심이 언뜻 보인다

뭇사람이 다소곳이 멈추어
귀 기울일 때는 이유가 있을 터
잠시나마 흐트러진 일상심을
항상심으로 잡아준다

이팝꽃

당신의 허기 대신
자식과 남편이 먼저였습니다
쌀밥 한 보시기 앞치마에 싸서
무논을 가로질러 진흙 발로 달려온
눈칫밥이 식솔에게는 성찬이었습니다
아득한 시절 자식이 맛나게 먹으면
당신은 배부르다 하고 철부지는
보릿고개가 무엇인지도 모르고
당신의 궂은일과는 아랑곳없이
단지 쌀밥이 먹고 싶었습니다
꽃이라도 싫증 나도록 바라보며
배고픔 달래시던 어머니
눈이 시리도록 그립습니다
흰 구름 뭉게뭉게 피어오르는
꽃구름 사이로 당신의 고운 모습
이제야 아련하게 보입니다

아카시아꽃

비렁길 오르내리며 소처럼 사셨다
쉼 없이 일만 하셨다
옆에서 아무리 말려도 내 길이 다며
불평 한마디 하지 않으셨다

쟁기질하랴 삽질하랴 지게질하랴
오직 한길로 사셨던 외삼촌
몸의 가시가 자신을 찔러 순환을 막아
내 살이 아파도 벅찬 일과가 끝나면
막걸리 한 사발로 속을 달래셨다

슬며시 스미는 잠이
가슴까지 파고드는 날
큰 한숨 몰아쉬고는
그만 일을 놓았습니다

하얀 꽃은
바람길 따라 흩어졌지만
그 향기는 오래오래
우리 곁에 남아 있습니다

나비는 날개를 접지 않는다

3부

조간신문

오늘

어둠을 먹고 사는 별

별을 먹고 사는 꿈

꿈을 먹고 사는 나

모두 한통속이다

나비는 날개를 접지 않는다

농부

들녘에 물 들어온다
새벽 찬 기운에 새소리 물소리
친구 삼아 윗배미 아랫배미
우묵배미까지 물 가둔다

찰랑찰랑
발목 아래 적시는 고른 써레질
자박자박 물결 밟으며
터진 물꼬 때우며
논둑길을 거닌다

씨앗을 깨고 나온 여린 모
여든여덟 번 돌보아 미색(米色)을 보는
즐거움이 생활이다

초록 물결 일렁이는
봄 바다가
날마다 커 간다

소나기

강물은 알고 있다
비 내리면 구름이 왜 우울해하는지

강물은 알고 있다
구름이 왜 슬프게 울고 있는지

강물은 알고 있다
구름이 왜 환하게 웃는지

속마음 들킨 구름 멋쩍게 지나간다
하늘빛이 강물에 녹아내린다

세례

첫발을 떼기엔
아직은 당황스럽다

목을 세우고
어깻죽지의 근육 햇빛에 내맡긴다
날개를 충분히 말린 매미
이제 날아갈 일만 남았다

날아서 저 미루나무
꼭대기에 창창한 발로 딛고
맘껏 울어 보아라

엄마 품에 안겨
막 교회 문밖을 나서는
어린아이

치매

삐걱거리는 오래된 의자
사풋이 앉은 이유가 있듯이
자리 차지하고 있는 게 성가셔
딱지 붙여 분리수거장에
내놓았다

바위 같은 노인의 마음도
의식이 들락거리는지 멍하다가도
말짱 속에 감춰진 속내 쉼 없이
막무가내로 돌변해 삐걱대니
갈 곳은 딱 한 곳이었다

젊을 적 신던 검정 고무신
가슴에 끌어안고 요양원 다인실에
성깔도 숨기고 3년째 덩그러니
앉았다 누웠다 한다

눈물

샹들리에 불빛
제 설움에 겨워 부스러지면

공해를 만드는 눈물
핑그르르

달빛 별빛의 부스러기는
풀잎에 또르르

아침 햇살에 빛나는
이슬방울

가을

빨간 감
가지를 아래로 내려
아이의 손에 하심의 열매
꼭 쥐여 준다

바라기 끝낸 해바라기
머리 숙이고 명상 중이다

수숫잎 수다 떨며
자신의 길이를 낮추는
겸손의 계절이
詩가 되는 하늘

나날이 높고
더 파랗다

용서

파도가 일고
감정이 부딪힌다

말은 서로에게 상처만 남긴 채
내려놓은 감정 단전에 이른다

물결을 품으며 일어서는 언어
출렁이며 부딪칠 때마다
내 안에 잠재워 둔다

파랗게 멍든 수평선에
또다시 파도가 일지라도
바람의 정적으로

바다는 해량하다

가을 산

만산에 홍엽
산은 온통 빨강의 연서를 쓴다

맞은편 산봉우리 구름
베일을 걷고 얼굴을 붉힌다
붉게 타오르는 불꽃에
덩달아 설레어 빨갛게 물든
노랗게 물든 이파리 한 장
아직 쓰다만 초록 잎 한 장
이름도 모르는데
왜 저리 곱지

곱게 펴
책갈피에 꽂으면 어떠하리
한바탕 단풍놀이 즐기면 어떠하리

이 가을 통째로
담아본들 어떠하리

나비는 날개를 접지 않는다

동지

진눈깨비 휘날리고
늦바람이 싸하게 분다
손님처럼 찾아온 밤이다
앳된 딸에게 팥죽 건네주던
어머니의 손길 아늑하다
열병을 앓아온 달거리는
당신의 딸이 가야 할 길
짧아진 햇살에 길고 긴 밤
뜻대로 어두워진 밤은 없다
단지 견뎌내야만 하는
깊은 밤이다

취업 고시생

앙다문 입술
옹골진 몸뚱이 한껏 깃을 벼리고
분가한 솜씨 어쩌다 발을
잘못 디뎌 옥탑에 둥지 틀고
이리저리 굴러보지만
내려갈 수는 없는 처지
옥탑방엔 한기가 제집인 양 머물고
기댈 데 없는 혈혈단신
높고 높은 빌딩의 그늘에서
제자리 찾지 못해 헤매다
터전을 바로잡고
소나무로 자랄 수 있는 날은
언제쯤 오기는 올까

흙으로 돌아갈 수 없어
오늘도 떠돌고 있다

계절

싱숭생숭
봄

시끌벅적
여름

방망이질
가을

굳세어라
겨울

독백

푸르른 날
우우 소리 질러 보았다
비바람 칠 때면
바람과 맞서 싸우기도 했다
뽀얗게 분 바르고
뽐내 보기도 했다
늘씬한 키 자랑하며
가지를 쭉쭉 치켜세웠다
눈 내리는 날
빈 몸으로
뱃속의 찌꺼기까지
찬바람에 날려 버리며
한겨울 지켜내는
자작나무

우화

무심코
병원 로비에서 흰 천으로
꽁꽁 싸맨 주검을 보았다

지하도에서 옹색하게 살았던
노숙을 마치고 지상에 잠시 입관식
땅 위로 올라온 굼벵이처럼
웅크린 모습에 애당초
예절 따위는 필요 없었다

몇 년만 기다리면
날 수 있을지도 모르는데

꿈꾸던 세상 등지고
어둠의 결기 귓전에 세운 채
보이지도 만질 수도 없는
또 다른 세상으로 향한다

세월

도로 위
시간에 쫓기며
열외 없는 정체 구간에서
깜빡이도 켜지 않은 채 끼어드는 차
별안간 울려대는 클랙슨
목적지는 다르지만
앞차를 따라가야만 하는 운전자
물러설 수도 뒤돌아갈 수도
넘어설 수는 더더욱 없다
멈출 수 없으므로
시곗바늘은 어제처럼
오늘의 시간을 알린다

순환선은 구간을 돌고 돈다

호박 이야기

어머니는 날마다 술래잡기를 한다
술래는 항상 어머니
어디에 숨었나
저기에 있구나
아롱다롱 숨바꼭질 중이다

커다란 잎 파리 속에 숨어서
엉덩이 삐쭉
노란 꽃 사이로 초록 볼 내밀고
호박은
땅을 기어서 더듬고 담을 넘어서
덩굴 한줄기로
한 일가를 이루었다

여자 팔자
호박순 옮기기 나름이라고
애호박이 늙은 호박 될 때까지
어머니는
끝내 호박순을 옮기지 않았다

할미꽃

봄볕이 나직이 내려앉은
어느 무덤가
반나절 햇볕도 아까워
가는 걸음마다 헛되지 않게
허리 꼿꼿이 세우지 않았다
대대손손 이어지는 선홍빛 선혈
진자줏빛 꽃으로 피어난다
흰머리 날릴 때 그제야
허리 펴고 주위를 둘러본다
긴 한숨을 토해낸다

아무도 들어주지 않아
홀로 부르는 노래

겨울 산사에서

혹한에도 내색하지 않은 채
산새에게 쌀을 보시하는 석불
함박눈은 흰 가사를 지어 입혔다

석등이 꺼지지 않고
밤새워 발바닥을 데워 줄 때
아침햇살이 가사 자락을 금박으로 물들인다

물병은 단단하게 얼어
좌선 중이고

멧새 한 마리 수북이 쌓인 눈 위에
옴 오-옴 오오-옴 발자국 찍어
법구경 한 줄 써 놓았다

봄눈

바람이 풀어져
못내 보낼 수 없는
겨울인 듯 혹은 아닌 듯
그냥 지나기 아쉬운
봄의 초입에 꽃샘 눈이
살포시 나뭇가지에 내려앉았다
밤사이 눈발은 어둠 속에서
흰 버선발로 딛고 서서
감나무로 매실나무로
목련으로 흰 천을 드리워

오늘 아침
흰 꽃수를 펼쳐 보인다

소녀시대

물오리 떼가 군무를 춘다
청둥오리 두루미 고니
구구 꾸루꾸루 끼룩끼룩
모래펄 다독이며
날개깃 세워
하늘로 벅차오른다
울도 담도 없이
넘나드는 철새 마을

대보름달

어디에서나

누구에게나

비추는 소원

올려다보는 이에게

얼비치는 금메달

조간신문

눈으로 먹는
밥상이 배달되었다
정치면의 편식주의자
문화면의 채식주의자
집밥이 숭늉 맛이라면
퓨전 음식은 커피 맛이다
눈물 찍어가며 먹는 미담 기사는
꼭꼭 씹어 잘 먹지만, 각종
비리가 주메뉴가 되는 날은
모래알을 씹듯 목이 메어
넘어가지 않는다
무엇보다 올림픽 승전보
남북단일팀에 이어
통일 한국 밥상
배부르게 먹고 싶다

샐러리맨

알람 소리에 부스스 눈을 들어 시계에 눈도장 찍는다
천근만근 몸 가까스로 일으켜 기계처럼 움직인다
팔 다리 목 관절이 철커덕철커덕 기계처럼 맞춰진다
시침 분침 초침 재깍재깍 천둥소리가 나를 조정 한다
짜인 각본대로 한 치 오차 없이 자동으로 이동한다
대본대로 주섬주섬 옷 입고 꾸역꾸역 밥 먹는 로봇

질투

잠잠하던
봄 화단이 난리 났다
새싹이 여기저기서
탄성을 지르며 쑥쑥 올라온다
은방울꽃 군락이 윤판나물 전사에 밀려
작년보다 한자 정도 왼쪽으로 물러 서 있다
앵초와 섬초롱은 서로의 곁을 내어주면서
한 자리 지키고 휴전 중이다
붓꽃은 더 단단히 둥글게 성을 쌓았다
비비추는 영역이 한 뼘쯤 넓혀져
의기양양 올라오며 만세를 부른다
동장군에 견딜 수 없었던지
분홍 달맞이와 노랑 달맞이는
온데간데없어 사라졌다
겨우내 분투했을 꽃밭
전쟁 중이다

4부

흰 접시꽃

봄바람

파란 하늘 아래
아직 차가운 바람
볼을 스친다
꽃잎 속으로 스며든 햇빛
만물을 흔들어 깨운다
기억 저편의 종달새 우짖고
아지랑이 아롱아롱
풋풋한 보리밭은
고향의 봄
뒷산 진달래는
예나 지금이나 변함없이
늘 그 높이 만큼에서
볼 비벼주는 꽃
왜 저리 곱지!
셀카 한 컷으로
봄을 저장한다

사월

하얗게 피어나던 벚꽃
길 따라 하얀 담을 만들고
산 중턱마다 흰 절벽이다
벚꽃 피는 날 양손 잡은
남북 정상의 웃음처럼
누구라도 함께 걷다 보면
걸음마다 꽃 웃음 띤다
꽃담과 꽃 절벽 언젠가
허물어지는 날이 오게 되면
무수히 이파리가 나오고
수많은 열매가 열릴 것이다
두 손 마주 잡고 함께 웃고
가슴에 맺힌 응어리
절로 꽃처럼 환해지리라

조문

음력 열이틀

태양이 서산 너머로 진다

먼 길 가시는 큰 스님

다소곳이

배웅하는 낮달

*무산 조오현 큰스님의 입적 날을 기리며 쓰다.

선거철

오일장이
들어선 읍내 네거리
각 당의 후보가 트럭에
좌판을 펴고 자신이 최고라며
공짜로 명함을 나누어 준다
먹을 수도 쓸 수도
간직하기도 버거워 사람들은
곁눈질만 하고 지나간다
맥없이 바람에 흔들거리는
선거 안내판 물건을 흥정하는
사람 냄새가 확성기에 묻힌다
북적거리는 시장통에 이름자
박힌 별 무수히 떨어져
짓밟히고 있다

요람

살랑살랑
바람이 잎새와 이야기를 나눈다
어디서 왔니?

강 건너 남쪽에서
어제는 동쪽에서 온 바람이
우리랑 놀다 갔단다

팔을 들어 다독이는 가지
울울 창공을 가늠하며 머리 치켜들지 않아도
서로의 훈김으로 작은 나무를 어른다

녹음이 핏줄에 스며든다
시간을 버리고 나마저도 버린다

흰 접시꽃

층층시하 시집살이
뒷바라지에 손 마를 새 없었다

민둥산에 한 삽 한 삽 퍼올리다 보니
어느새 굵어진 손마디 뒤틀어진 허리
펴지지 않은 살림살이지만 몸 사려
성씨까지 바꿔가며 지켜낸 가문

감자꽃 지고 능소화 필 때
한복판에 머뭇거리는 태양 향해
함박웃음 짓는 고모 닮은 꽃이
대청마루 앞 댓돌 사이에서

곧게 곱게도 피어난다

소낙비

몹시 더운 날 하늘가 운동장

양떼구름 뭉게구름 회오리 구름
여기저기 흩어져 놀이에 열중이다

쨍쨍 내리쬐는 햇볕이 종을 친다
가깝고 멀리 있던 구름
한 점 한 점 몰려와 둥글게
둥글게 뭉친다

흰 구름은 회색으로
회색빛 구름은 검은빛으로 바뀐다
커다랗게 팽팽해진 애드벌룬
심술궂은 바람이 대낮에

물풍선 터트리고 도망간다

시계

집은 서쪽이었다
동쪽에서 태어나 한낮을 누볐다
시시각각 구름도 만나고
세찬 비바람도 눈보라도
피하지 않고 여기까지 왔다
쉬지 않고 또박또박 걸어온 길
방향은 동에서 서로 가는 길

때로는 수평선에서
때로는 들녘을 바라보며
아직은 붉은 석양빛
저물어 가고 있는
나를 지키며
돌고 돈다

약속

무심코
넝쿨 콩 한 알을 심었다
무사히 잘 자라는가 싶었는데
땅바닥에서 허덕이며
제자리를 찾지 못하기에
줄기를 울타리에 올려 주었다
한낮에는 잎사귀를 늘려 얼굴 묻고
비바람에 허리 굳혀 늠름하게 자랐다가
허공에 자리를 틀더니
보라색 앙증스러운 꽃이 피고
주렁주렁 기다란 꼬투리 매달렸다
울 건너온 바람이 흔들 때
심은 뜻 잊지 않고
얼룩얼룩 하늘 이야기를
알콩달콩 자신의 이야기를
씨알에 새기며
여물고 있다

12월

언제였던가

바랜 네 모습이라도

붙잡지 못한 걸 후회하며

홀로 떨고 있는 마지막 잎새

권력 이동

커피믹스는 마트를 숙주로
생활 깊숙이 자리 잡았다

가루에 알 수 없는 지방
이름도 생소한 여러 가지의 첨가제
단맛의 수치를 입맛에 제조되어
진하거나 싱거우면 맛이 안 난다
생각을 지배하여 의지와 상관없이
입맛을 송두리째 빼앗겼다
구수한 숭늉 맛도 잃었고
무첨가 녹차의 맛이나
물맛을 느껴본 지도 오래다
황금비율에 길든 달콤한 유혹
소소하게 빼앗긴 일상의 맛

호로록 들이마신다

들국화

모두 떠난 빈자리
바람은 한 줌
햇빛마저도 앗아가고
나뭇잎은 수런수런
좋은 시절을 떠나보내고
계절의 말미에서
바스락 소리를 낸다
발등을 덮어 주는
낙엽을 친구 삼아
그늘진 산어귀에
초연히 얼굴 내밀어
별 무리로 피어난다

까치밥

온 가을
다 태우고도

가지 끝에
꺼져가는 등불 하나
밝히고 있는

보살 할머니

수화

지난날
너와 내가 나누었던 이야기
눈으로 듣지 않고 귀로만 듣기를
좋아하던 너

손을 들어
손가락을 오므렸다가 펼치고
양 손바닥을 흔들어도 보았지만
끝내 내 마음 알지
못했던 너

냉가슴을 앓으며
가슴 치는 단풍나무

이 가을
피멍으로 번진다

해돋이

스멀스멀 검은
물체가 움직인다
각자의 바람을 담고 있는
스마트폰이 긴장한다

드디어 붉은빛이
얼굴을 드러내지 않은 채
장막을 치고 있는 구름 틈에서
실눈 뜨고 있다

주인공을 위해
빛을 잃은 샛별
조연으로 밀려나 사라졌다

어디서든
바라보고자 하면 보여주는
수시로 변하는 새벽어둠
깊은 침묵이 희망이다

고독

창공에 풍덩

바람결 따라 날갤 드리우고

머리 장식일랑 떨쳐내고

독(禿)

홀로 자유로이

높이 높이

바람의 파문을 즐긴다

너와 나

서로 다른 성격과
서로 다른 생각과
서로 다른 체질이 겹쳐 커 갔다
바람에 부딪으며 살갗이 애이고
서로를 힘들게 할 때마다
한 나무로 살아가는 것을
스스로 꺾고 싶어질 때도 있었다

나무들이 모여
숲이 되듯이
그 안에서 한 몸 되어
보듬고 살아가다 보니
더욱 단단하게
두 개의 뿌리로 꿋꿋이
버텨내는 연리목 되어
이순의 나이 언저리에서
버젓이 서 있다

나비는 날개를 접지 않는다

겨를

아침 출근길
발걸음이 시계 초침처럼
똑딱똑딱
이리저리 부대끼며
뒤돌아볼 새 없이
전철이 출발하며
문이 여닫는 사이
지하에서 떠돌던
바람 한 줄기
슬그머니 스르륵
무임승차 한다

탈출

옷이 나갈 준비를 한다

와이셔츠가 팔을 꿴다

넥타이가 목을 맨다

바지가 다리를 입는다

구두가 발을 신는다

아침 해가 창문에

출근 도장을 찍는 그 시간

나비는 날개를 접지 않는다

사진첩

시간이 쪼개진다
계절이 쪼개진다
내가 쪼개진다
어느 봄날은
오늘의 봄날이기도 하지만
아닐 수도 있다
봄은 여름에 여름은 가을에
장면 전환을 하며
한 장면은 뒤로 밀려나
어제가 되는 이 순간도
어제가 되어 간다
미래가 찍히는 일은 없다
오늘을 간직한 채
어제만 있을 뿐이다
내일은 내일일 뿐
오늘에 밀려 어제가 찍혀진
조각난 한 장의 사진

일상은 커다란 사진첩

율곡 수목원에서

정자 옆 옹달샘 산거울 되어
울레줄레 어우러진 산 경치를 비추네

산 노루 입 축이고 산새 깃 비비며
한나절 한껏 떠들썩 지저귀네

저 너머 임진강 눈웃음 지을 때
햇빛이 잠시 발걸음 멈추네

강 거울에 비친 야트막한 산자락
마음도 따라서 홀로 흐르네

이율곡 "고산구곡가" 중 8곡

금탄의 여울목 소리 거문고 소리를 내며
흐르는 여울목에 달이 밝다
좋은 거문고로 서너 곡조를 탔지만
격조 높은 옛 가락을 알 사람이 없으니
혼자 듣고 즐기노라

설연화

아무도
찾지 않은 산중
언 땅도 기지개 켜
몸을 뒤튼다
시린 달빛에 은장도
벼리 길 몇 날, 살포시
내린 봄눈 사이로
말간 얼굴 내밀어
지긋이 내린 햇빛
달궈진 몸으로 받아
족두리 풀고
겹겹의 치마 끝 풀어
꿀벌 부르는 여인
그곳에 있다

씨눈

햇살이
솜사탕 되어 녹아내린다

새잎은
새소리에 옹알옹알
두 귀 쫑긋 세우고
바람이 들려주는
방언 그대로 한다

초록빛
감자 씨눈처럼
또릿또릿 여린 눈망울

날마다
새록새록 커 가는
우리 아기

나비는 날개를 접지 않는다

5부

바람의 꼬리

변심

추울수록 손 꼭 잡고
추울수록 안으로 견디며
추울수록 온기 나누었다

따뜻한 겨울에
마음 빼앗겼는지
진분홍은 어디 가고

희미하게 바랜 진달래야
이파리만 무성하구나

백로

아버지가 겅중겅중
모낸 논으로 걸어가신다

논두렁에서
잠시 숨을 고르신 뒤 어린 모
밟힐까 조심조심 물속을 가늠한다

가래 올방개 방동사니
뽑아내는 손 발이 농기계다

한낮의 열기에 젖은 흰옷 저고리
소금 포대처럼 거칠고 무겁다
허리를 펼 사이도 없이 피사리 마치니
서산 해 삼베 바지 허리춤에서 저물어
온 들판 구석구석 살피며 물끄러미
바라다만 보다 하얀 날개 맘껏
펼쳐 보지도 못한 채

먼 길
떠나신 아버지

도야*

소녀가 창가를 응시한다
아른아른 여울져 마주 보는 눈동자
머무는 곳에 숨죽여 물그림자 드리우고
자기의 모습 유리창에 투영시킨다
나그네처럼 잠시 왔다 가는 잔물결
서로의 눈길 멈추지 않고
수줍어 발걸음 낮추는 사이
아침 해와 친구 삼아 하루를 여는 사공에게
돛배 밀어주며 힘 보태주는 실바람
눈빛이 시리도록 아름답다

*일본 홋카이도 남서부 우치우라만 북동쪽에 있는 호수

삿포로*

북해도의 하늘
까마귀 울음소리 청량하다
곳곳에서
차마 먼저 손 내밀지 못하고
향기를 입가에 머금어
그윽하게 내뿜는
해당화

*홋카이도의 도청소재지

고목

숲으로 가고 싶다며
황망히 먼 산 바라보는
어머니

삶의 무게 다 내려놓으니
남은 것은 빈 몸뚱어리
뼈에 가죽은 흐물거리고
힘줄은 늙어가고
핏줄은 굳어져 간다
주삿바늘 꽂을 수 없어
뼈마디마다 쑤시는 통증에
덕지덕지 파스 붙여가며
달래지만 그때뿐
흘러넘치는 수액은
어디에도 찾을 수 없다

푸석해진 무처럼 간단없이
빠져나간 바람만 차다

입양

베란다에 사열하듯 늘어선
화분 늠름하고 의젓하다
지인이 화분 채 넘겨준 군자란
송알송알 꽃 무더기를 밀어 올린다
화원에서 묘목 하나 얻어와
수년째 애지중지 키워온 재스민
올해도 보랏빛 꽃 피우고 있다
살아있는 꽃을 뿌리째 뽑아
골목에 버려져 있던 산세비에리아에
쑥쑥이란 이름 하나 붙여줬다
이웃사촌이 이사 가면서
키울 수 없게 됐다며 건네준 춘란
옛 주인을 잊은 지 오래인 듯
거실 한 자리 지키고 있다
사연도 다르고 이름도 다르지만
잘 자라줘서 고맙기 그지없다

노을

산마루에 서서히 이르는 태양

마루턱에 이르러서 결연히 자진한다

서쪽 하늘가에 붉은 피 흥건하다

개미

개미가 무리 지어
분주히 오고 간다
어떤 개미는 자신보다
두어 배는 큰 먹이를 입에 물고
힘겹게 옮기다가 놓치면
다시 끌고 가기를 수십 번
어떤 개미는 빈손으로 가면서
가던 길 뒤돌아서 어떤
먹이를 찾아 부지런히
왔다 갔다 한다
끈질기게 살아가는 무리가
길게 줄을 이어가며 오고 간다
앞만 보고 가는 자동차들
쭉쭉 뻗어가는 빌딩 숲 사이로
사람은 저마다의 바람을 가지고
끊임없이 움직인다
즐비하게 늘어선 성형외과
여왕개미를 꿈꾸는 여성들이 붐비는
신사역 사거리

주술

남서풍이
남동풍으로 바뀌며
세차게 불기 시작한다

처마 밑 무당거미 한 마리
거미줄에 잠자리 제물 올려놓고
둥둥 북소리 따라
아슬아슬 작두를 탄다

비나이다 비나이다
*링링이 심술부리지 않고
무사히 지나가기를
천지신명께 비나이다

나비는 날개를 접지 않는다

*링링-(2019, 9, 7, 13호 태풍 이름)

꿈

달도 없는 가을 밤하늘에 별이 빛난다

구름 막이 적당히 퍼져있어 온유하다

고개 들어 별 하나에 눈 맞추는 오늘 밤

시낭송회

가을 하늘 높고 푸르른 날
흘러가던 새털구름
머뭇거리며 귀 기울인다
바람이 나무 사이를 오가며
배경음을 깔아준다

참새는 텃밭의 시를 읊고
사람과 싸움에 지친 까치 부부
'둥지'라는 시 요란하게 낭독하자
멀리 날아가는 기러기가
끼룩끼룩 여행 시로 화답한다

햇볕 아래서 국수를
후루룩 먹는 사람들
다시마 멸치 우려내는
*국물 이야기 한창이다

*신달자 시인의 시 국물

석공

첫정에 숨을 들이마시고
탑을 쌓을 건지
독수리를 만들 건지
비석을 만들 건지
용도에 맞는 모양을 내고
어떻게 꾸밀까를 생각한다
끌로 다듬고 망치로 두드리고
사포로 반질반질 문질러
반짝반짝 빛이 나는 시를 위해
나와 연필과 파랑새를
백지에 내려놓는다
잠깐 잡생각이 끼어들 때
묵언 수행 언어의
숨비소리 깊이 내쉰다

초침 소리

또각또각
나를 따라오는
너

매번 너를 떨치기 위해
숨어도 보고
염색으로
변장도 해 보았다

끈질기게 따라다니길
수십 년

이제야
산마루턱에서
저무는 해를
함께 바라본다

나비는 날개를 접지 않는다

스토킹

가로등 희미한 밤길을 가는데 누군가 뒤따라왔다
조금씩 무서운 생각이 들고 자꾸 뒤쪽이 궁금해져
돌아볼지 망설여도 몸은 앞만 보고 걷고 있다

뒤는 보지 못하고 눈을 들어 밤하늘 보니
반달이 떠 있다
저기 달빛이 지켜 줄 거라고 안심하며 빠른 걸음
내딛는데 누군가도 빠르게 또 따라온다

쫓아오는 그를 따돌리기 위해 담을 돌아 숨었다
주위를 살펴보니 그제야 누군가는 보이지 않았다
괜한 노파심인가 나는 가슴을 다독이며 걸었다

핸드폰을 꺼내 지인에게 전화를 걸었다
누군가도 똑같이 손을 귀에 대고 전화를 한다
담판을 지을 작정을 하고 휙 돌아서며

누구세요!
뒤쪽의 누군가는 나를 닮은 그림자였다

내비게이션

그 여자도 변했지만 그 남자도 변했다
변심이 두렵고 길눈 어두운 그(여)에게
나근나근한 목소리로 참한 그녀가 말을 건넨다
그녀는 그에게 최고의 여자였다
시간이 흘러도 첫 그대로다
매번 동행해도 싫증 내지 않아 그녀와
함께라면 낯선 길도 두려울 게 없었다

때로 그녀의 말을 듣지 않아
이리저리 헤매고 다녀도 타박할 줄 모르고
구차한 내색도 하지 않는다

같은 어조 같은 음색으로
또박또박 바른길 안내해 줄 뿐이다

그는 오늘도
영혼 없는 그녀와 드라이브 중이다

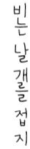

봄소식

샛강의 버들개지

까치발을 하고 남쪽을 기웃

햇빛이 생강나무에

노랑 물감 풀어놓을 때

청매 꽃잎에 부서지는 햇살

장항아리

맑은 소금물이
덩이덩이 자식을 품어 안고
짜디짠 시간을 견딘다

헛되이 보내지 않은 하루하루
옹기종기 앉아 있는 장독대 책상에서
뚜껑 여닫는 손길에 맛이 스미도록
햇빛은 날마다 다독다독
바람은 쉼 없이 들락날락
메주에 문장을 입히고 간다

어머니의 어머니
그들이 써내려 온 맛의 내력
까맣게 익어간 세월이
달큼하다

2월

쇄빙선
얼음을 깨며
먼바다 항해를 마치고
가까운 바다에 이른다
발이 묶인 결빙도
스르륵 풀린다

입춘 점
봄이 예인되어
강둑에 정박하여 있는데
아물지 않은 찬 물길
강아지 발꿈치처럼
찍어 놓는다

명절증후군

혹한으로
바짝 뛰어오른 물가에
며칠 전부터 마트로
재래 장터로 뛰었다
제사에 필요한 장거리를
다듬고 씻고 부치고 튀기고
멀고 먼 귀성 전쟁을 치른 가족과
작년에 입혔던 깡충 올라간
손녀의 설빔을 만지며
한 자리 잡고 빙 둘러앉았다
다진고기 숙주나물 두부 김치
야무지게 버무려 빚어낸
만두 속 터졌다

겨울 동화

눈 덮인 소나무 반
책 읽느라 무겁게 고요하다

오리나무 반에서는
햇빛이 골고루 비치도록
한 장 한 장 비스듬히 넘겨
양보심을 읽는다

파란 표지에 흰 구름 한 점
빈 가지 사이로 얼굴 내미는
그런 내용의 그림책이었다

숲속 교실 참나무 반
예의범절이 조심조심 지나다
눈으로 얼핏 보았다

시려도 시리지 않은 두 발로
밑줄그어가며 보고 듣고 읽는
겨울 숲

봄의

촉을
세운 꽃봉오리
햇볕을 향해
얼굴을 돌리고
샘내는 찬바람에
등 돌린다
짱짱하게 당겨진 바람결이
느슨해지며
우르르
몰려오는 햇발
손짓에
덩달아 번지는
봄볕

나비는 날개를 접지 않는다

바람의 꼬리

시도 때도 없이
불어닥쳐 두렵기도 하지만
때로는 어머니의 부드러운 손길처럼
시원스레 느껴지며 넘겨지는 바람결
몸 안에 있는 찌꺼기까지도 배어나 올 듯
살 속 깊이 호흡을 돕지만
네 안에만 있을 땐 미처 느끼지 못하지!
변덕 심한 성깔이 치명적인 매력이라
몸으로 막아도 보았지!
이별을 생각하면서
끝내 이별을 고하지 못한 채
나는 나를 위로하면서 너를 향한다
풍향계는 항시 남풍이기를 바라며
내일을 준비하였지
언 듯 바람이 불어
얼굴 없는 바람이 내 귓전을 스치며
막차를 놓치고 붙잡지 못한
너의 뒷모습 지나간다

Gim Pilrye

다시올 시선 060

나비는 날개를 접지 않는다

초판인쇄 2024년 9월 1일
초판발행 2024년 9월 10일

출판등록 | 제310-2007-00028

지은이 | 김필례
발행인 | 김영은
펴낸곳 | 다시올

주 소 | 서울 노원구 광운로 32, B01호
전 화 | 031-836-5941
팩 스 | 031-855-5941
메 일 | maxim3515@naver.com

ⓒ 김필례, 2024

ISBN 978-89-91702-19-4 03810

정가 10,000원

* 파본은 본사나 구입하신 서점에서 교환해 드립니다.